Oscar Garcia Fernandez

Anleitung aus der Spielsucht

Anleitung aus der Spielsucht

Oscar Garcia Fernandez

© 2017 Oscar Garcia
Herstellung und Verlag:
BoD - Books on Demand, Norderstedt
ISBN: 978-3-7460-1295-7

Inhalt

Vorwort 7

Anleitung aus der Spielsucht 8

Die Geschichte von Erik 20

Die Geschichte von Bob und Jen 30

Zwischen den Gittern 37

Die Geschichte von einem
Penner Mann und einer Penner
Lady 40

Zum Islam 46

Gedicht „Unter der Sonne" 49

Gebet 51

Sprüche von Oscar Garcia 52

Das Versprechen   62

Böses Erwachen   64

Bilder von Oscar Garcia
Öl auf Leinwand DinA0   87

Lebenslauf   95

Nachwort   97

Vorwort

Dieses Buch kann Ihr Leben verändern.

Oscar Garcia Fernandez

Anleitung

aus der Spielsucht

Die Spielsucht ist nicht nur die erbärmlichste Sucht, die ich kenne. Ja, nicht nur die doofste, sondern auch die teuerste.

Nicht selten verspielt ein Spieler 500,- € an einem Tag. Damit kommt ein Heroinsüchtiger eine ganze Woche lang aus.

Anders als die anderen Süchte hat ein Spieler keinen körperlichen Entzug. Es ist eine rein seelische Sucht, die im Unterbewusstsein sitzt.

Selbst Nikotin hat einen körperlichen Entzug.

Als Spieler haben Sie eine Lüge im Unterbewusstsein tätowiert, die man nicht zu 100 % wegbekommen kann, man kann sie aber schwächen.

Anders als bei anderen Süchten; wenn Sie einem Heroinsüchtigen sagen, hier hast du 300,- €, verspritz sie, sagt er dankend, gerne.

Wenn Sie einem Spieler sagen, hier hast du 300,- €, verlier die, dann sagt er dir, ich bin doch nicht doof. Wenn Sie ihm allerdings sagen, du kannst gewinnen, dann sagt er dir auch, gerne.

Aber in einer Spielhalle kann man nicht gewinnen. Das weiß er auch.

Eine Spielhalle schluckt 1000,- € und spuckt 500,- € aus. Sowas nennt man dann Gewinn.

Er muss sich jedes Mal belügen, um zu spielen. Das macht aber nicht er, son- dern die Tätowierung, die er hat.

Die Tätowierung sitzt im Unterbewusstsein, wo man sie ohne weiteres nicht ändern kann. Sie heißt: Vielleicht hab ich ja Glück.

In Wirklichkeit will der Spieler nicht gewinnen. Er will nur in den Spielrausch kommen. Das ist alles kein Problem. Nur der Rausch ist zu teuer. Spielen ist schön, wenn Sie was anderes meinen, dann lügen Sie. Und Sie können die Tätowierung nicht verändern.

Alle wollen Geld gewinnen, auch die Nicht-Spieler. Die spielen nur nicht, weil sie wissen, dass man am Automaten nichts gewinnen kann. Die Spieler wissen das auch, wäre da nicht diese Tätowierung. Ich kann ja Glück haben. Ich kann ja vielleicht gewinnen.

Die Wahrheit ist, er möchte überhaupt nicht gewinnen.

Er möchte nur in den Spielrausch kommen.

Ein Rausch kostet 10,- € und nicht 200,-€. Wer 200,- € reinschmeißt, der will die Tätowierung befriedigen und gewinnen. Nur 200,- € für einen Rausch ist zu teuer.

Es geht nicht darum, so viel wie möglich zu gewinnen, sondern so wenig wie möglich zu verlieren. Wäre da nicht diese Tätowierung im Unterbewusstsein.

Um diese Tätowierung: Ich könnte ja gewinnen, müssen Sie die vom Unterbewusstsein ins Bewusstsein holen. Nur dort können Sie die verändern, bzw. schwächen.

In die Spielhalle geht man nicht, um zu gewinnen, sondern um zu verlieren. Alles andere ist gelogen.

Rausch ja, Gewinn nein.

Diese beigefügte CD kann Ihnen helfen, diese Lüge, die Sie im Unterbewusstsein haben, ins Bewusstsein zu holen, wo Sie diese nur dort verändern können.

Es empfiehlt sich, sie einmal am Tag zu hören.

Wie gesagt, es ist eine Tätowierung. Ihr könnt sie nicht löschen, aber ihr könnt sie sehr schwächen.

Was meint ihr, wenn ihr einen Spieler zwingen würdet, zu spielen, wäre er in kürzester Zeit Nicht-Spieler. Anders ist es bei einem Heroinsüchtigen oder An-ders-Süchtigen. Der Heroinsüchtige würde sagen, gerne.

Höre die CD einmal am Tag. Sie ist zwar keine Garantie, aber Du kannst nach zwei Monaten schon ein Erfolgserlebnis haben.

Die Spielsucht verleugnen bringt nichts.

Prüfe Dich selbst, wenn Du in die Spiel-halle gehst. Willst Du gewinnen oder willst Du in den Rausch kommen.

Zusätzliche Hilfen könnt ihr auch in An-spruch nehmen, z. B. einen Betreuer. Er kann euch zum Beispiel 50,- € am An-fang des Monats in 5 Cent-Stücken ge-ben. Dann habt ihr wenigstens einen Kaffee in sozialen Einrichtungen.

Oscar Garcia, Wuppertal, 5.8.17

Meditation

Ich habe leider kein Studio, deswegen ist diese CD nur geschrieben.

Ich schalte das Licht aus und lege mich ins Bett.

Ich lege mich auf die Rückenlage.

Ich schließe die Augen und entspanne.

Meine Arme werden immer schwerer und entspannen.

Meine Beine werden immer schwerer und entspannen.

Mein ganzer Körper entspannt sich.

Es ist der 30 zigste und ich wache auf. Es ist 6.00 Uhr.

In zwei Stunden macht die Bank auf.

Zigaretten habe ich keine, aber ich habe noch einen Beutel Tee; den trink ich jetzt.

Es ist 8.00 Uhr und ich geh zur Bank.

Das Geld ist noch nicht drauf und ich geh wieder nach Hause.

Ich warte bis 12.00 Uhr. Ich geh wieder zur Bank.

Geld ist immer noch nicht drauf. Ob das heute noch drauf kommt?

Ich geh noch mal zur Bank. Das Geld ist drauf.

400,- € sind drauf. Ich hätte gerne 200,- €.

Ohne lang zu überlegen gehe ich direkt in die Spielhalle. 50,- € kann ich riskieren. Eine Cola bitte.

Der linke Automat ist frei. Den nehm ich.

Ich spiele erst zwanzigfach. Vielleicht kommt ja was.

Wenn nicht, gehe ich wieder auf zehnfach.

Oh, ein volles Bild. 30,- €. Soll ich sie verdoppeln? Ich nehme sie an.

Ich bin eine Stunde am spielen.

Ich sehe nur noch Bilder. Geld interessiert mich nicht mehr.

Scheiße, da muss doch noch was kommen.

Die 200,- € sind weg. Ich gehe noch mal zur Bank und hebe die restlichen 200,- € ab.

Vielleicht habe ich ja Glück und kriege die 200,- € wieder zurück.

Ich riskiere noch mal 50,- €.

Ich habe einen guten Lauf, vielleicht gehe ich mit Gewinn raus.

2 Stunden später. Es muss doch langsam noch was kommen.

Es ist 22.00 Uhr abends und ich habe nur noch 30,- € in der Tasche. Soll ich mir Tabak kaufen? Ach was, das macht den Braten auch nicht fetter. Ich riskiere sie. Wenn ich 50,- € gewinne, bin ich zufrieden. Halbe Stunde später: das ganze Geld ist weg.

Zitternd gehe ich aus der Spielhalle raus.

Wie konnte mir das passieren? Kein Tabak, kein Geld und der Monat hat nichtmals angefangen.

Ich wache nassgeschwitzt auf und stehe vom Bett auf.

Die Geschichte von Erik

Erik wurde in Wuppertal geboren, wo er auch aufwuchs. Er hatte einen Cousin, der war 4 Jahre älter als er und war für ihn wie ein Halbgott. Immer wenn er Probleme hatte oder irgendwelche Sorgen, ging er zu ihm und fragte ihn um Rat. So ging das Jahr für Jahr. Mit sechs Jahren wurde er eingeschult und kam später in die Realschule.

Er erzählte immer seinem Cousin Jens, dass sein Leben sehr fad sei. Jens, sein Cousin, machte ihm klar, dass er noch zu jung sei und dass, wenn er in der Ausbildung ist, sich alles ändern würde. Er würde sein erstes Geld verdienen und es würde dann alles anders sein. Und Erik kam in die Ausbildung und es änderte sich bei ihm nichts. Jens machte ihm klar, dass Ausbildungsjahre keine Herrenjahre sind und dass, wenn er einen richtigen Job später als Geselle bekommt, sich alles ändern würde. Und Erik schloss die Ausbildung ab und bekam eine Arbeit als Geselle. Aber bei ihm änderte sich nichts. Da meinte Jens: „Was du brauchst ist eine Frau, dann wird alles anders. Du wirst sehen." Und Erik bekam eine Frau und trotzdem änderte sich bei ihm nichts. Da meinte Jens: „Was ihr braucht sind Kinder, dann wird alles ganz anders." Und die Frau gebar ihm zwei Kinder. Doch in Eriks Leben änderte sich nichts.

Die Ehe von Erik verlief mehr recht als gut. Es gab keine besonderen Höhepunkte, aber sie stritten sich auch wenig.

Da war nichts Besonderes. Erik ging arbeiten und die Frau kümmerte sich um den Haushalt und die Kinder.

Aus der Ehe: Frau Anne: „Erik, zieh den blauen Anzug, den ich dir von der Reinigung gebracht habe, an. Pastor Hans hat uns zum Essen eingeladen. Die Kinder dürfen wir auch mitbringen." So ging das Jahr für Jahr. Sonntags gingen sie in die Gemeinde und ab und zu mal freitags gingen sie mit den Kindern in den Zoo.

Und Erik fiel in einen tiefen Traum. Und ein Engel erschien ihm: „Erik! Erik! Wach auf! Der Satan steht vor deiner Tür und verlangt nach deiner Seele!"

Entsetzt erwiderte Erik: „Aber, aber?"

Der Engel: „Nix aber."

Erik: „War ich nicht jeden Sonntag in der Gemeinde?"

Der Engel: „Das mit der Gemeinde war doch mehr ein Hobby für dich."

Erik: „Aber, aber."

Der Engel: „Nix aber.

Deine Frau und deine Kinder meinst du?

Erik: „Aber, aber."

Der Engel: „Nix aber. Wusstest du nicht, dass du weder deine Frau noch deine Kinder noch deine Überstunden mitnimmst?"

Erik: „Aber, aber."

Der Engel: „Deinen Cousin meinst du? Das war nicht dein Cousin, das war der Satan. Und du hast ihm eifrig zugehört."

Erik: „Aber, aber."

Der Engel: „Nix aber."

Der Engel: „Und dem polnischen Arbeitskollegen, dem ihr das Leben bei der Arbeit zur Hölle machtet und der jeden Abend zu Gott gefleht hat, er soll ihm die Arbeit ein wenig leichter machen, und du an der Spitze."

Erik: „Aber, aber."

Der Engel: „Nix aber. Wusstest du nicht, dass Gott keine halben Sachen mit niemand macht?"

Da erschien ihm ein zweiter Engel aus dem Hintergrund und sagte zu ihm: „Du wirst nicht sterben."

Da wachte Erik auf der Intensivstation eines Krankenhauses auf.

Wenige Minuten später kam der Arzt rein: „Sie haben einen Schlaganfall gehabt."

Da weinte Erik bitterlich.

Nach zwei Wochen wurde er aus dem Krankenhaus entlassen.

Zuhause sprach Erik kaum ein Wort und war total in sich gekehrt. Seine Frau Anne meinte, das wird sich schon wieder legen.

Er erzählte von diesem Traum keinem. Nach drei Monaten wurde er wieder arbeitsfähig geschrieben. Doch dieses Mal war alles anders. Er half dem polnischen Kollegen, was seine Mitarbeiter nicht verstanden und sich empörten. Sie fingen an Erik das Leben schwer zu machen. Als zum Beispiel Erik nach einem

Werkzeug suchte, schickten sie ihn immer von einem zum anderen.

Erik: „Hans, kannst du mir sagen wo der Knarrenschlüssel ist?"

Da meinte Hans: „Geh zum Peter."

Da ging er zum Peter und fragte das gleiche und er schickte ihn zum Klaus.

Nachmittags, kurz vor Feierabend, kam der Chef und fragte ihn, ob er eine Extraeinladung bräuchte, wieso er mit der Arbeit nicht fertig wäre. So ging das Tag für Tag und keiner der Kollegen half ihm. Nach mehreren Wochen kündigte Erik seine Arbeit.

Zwei Wochen später erfuhr das seine Frau.

„Erik, bist du denn von Sinnen? Wie kannst du die Arbeit kündigen? Wie sollen wir unsere Eigentumswohnung bezahlen?"

Traurig guckte Erik zu Boden und sagte: „Wir können uns ja eine günstigere, kleinere Mietwohnung suchen."

Da erwiderte seine Frau: „Ich will aber nicht in eine kleinere Mietwohnung."

Zwei Wochen später sagte seine Frau: „ Entweder gehst du oder ich gehe. Die Kinder nehme ich mit."

Ein paar Tage später sagte Erik zu seiner Frau, dass sie ihm ein paar Wochen Zeit lassen solle, er würde sich ein Apartment suchen.

In der Gemeinde erzählte Erik, dass es nicht egal ist, was man macht, was man denkt und was man glaubt.

Da empörten sie sich in der Gemeinde und ekelten ihn raus.

Erik suchte sich ein Apartment, wo er
dann einzog. Abends, ohne Grund, ver-
rutschte die Nachbarin über ihm die
ganze Nacht die Möbel. Da wusste er,
dass er da nicht bleiben konnte. Er
suchte sich ein anderes Apartment, wo
nachts der Nachbar mit dem Hammer
gegen die Heizung schlug. Da wusste er,
dass er in keinem Apartment klar kommen würde.

Er erinnerte sich, dass er noch 2000
Euro auf dem Sparbuch hatte und ent-
schloss sich ein Gartenhaus zu kaufen.
Schließlich fand er eins, wo er dann einzog. Er fand eine Gemeinde, wo nur
zehn Leute verkehrten und wo man ihn
in Ruhe ließ.

Eines Tages kratzte vor der Tür vom
Gartenhaus eine entflohene Hauskatze,

die er dann bei sich aufnahm. Da er nirgendwo gemeldet war, bekam er kein Geld, so dass er mit der Gitarre das Wenige, was er brauchte, sich erbettelte. Das Gartenhaus, in dem er lebte, war feucht und kalt, aber er konnte wenigstens schlafen.

Eines Tages kam ein strenger Winter und Erik starb und wurde von den Engeln in Abrahams Schoß getragen. Zwei Tage später fand ihn die Feuerwehr tot in seinem Gartenhaus.

Da meinte einer der Feuerwehrleute: „Hast du schon mal so einen Toten mit so einem Lächeln gesehen?"

Und die Moral von der Geschichte: Für manche ist das eine traurige Geschichte, für manche eine fröhliche.

Die Geschichte von Bob und Jens

Sie spielt im 17. Jahrhundert in einem Gefängnis in der Normandie.

Bob hatte ein Huhn geklaut und hatte 5 Jahre Haftstrafe dafür gekriegt. Jens einen Kerzenleuchter geklaut und hatte 7 Jahre Haft dafür gekriegt.

Im Gefängnis lernten sich beide kennen. Die Zelle von Jens war gegenüber von Bob, so dass sie sich problemlos miteinander unterhalten konnten. Die Zellentür war aus Metall und hatte ein kleines Gitterfenster. Wenn sie beide vorm Gitterfenster saßen, konnten sie sich sogar sehen.

Jeden Abend saßen sie vor der Metalltür, das kleine Fenster und erzählten

sich Geschichten, was sie machen würden, wenn sie entlassen werden. 20
Meter weiter war die Zelle von Hans.
Anders als bei Jens und Bob konnten sie
sich nur hören, wenn beide am Fenster
standen.

Bob und Jens konnten sich hören, auch
wenn sie beide im Bett lagen.

Eines Tages passierte etwas sehr Merkwürdiges bei Bob. Er lag im Bett und es
rappelte bei seinen Füßen. Ohne zu
denken, drehte er sich noch einmal um.
Da rappelte es schon wieder. Er dachte,
was ist das denn. Da traute er seinen
Augen nicht. Eine Ratte war bei ihm in
der Zelle. Schnell schloss er die Öffnung,
durch die sie reingekommen war, mit
einem Handtuch. Bob war völlig außer
sich. Schnell ging er zum Türfenster und
schrie: Jens, Jens wach auf! Jens, Jens

wach doch auf! Total verschlafen ging Jens zum Fenster und rief Bob zu: Es ist mitten in der Nacht, was soll denn da so wichtig sein? Rate mal, was passiert ist, erwiderte Bob. Was soll denn schon passiert sein, hier passiert nie was, sagte Jens.

Ich habe eine Ratte bei mir in der Zelle, sagte Bob.

Was, eine Ratte??? Eine echte Ratte? erwiderte Jens. Was bist Du für ein Glückspilz.

Und sie unterhielten sich jeden Abend über seine Ratte, die sie dann später Erna nannten.

Einen Monat später passierte schon wieder etwas Merkwürdiges. Jens, Jens wach auf! Jens wach doch endlich auf! rief Bob. Was ist denn jetzt schon wieder, erwiderte Jens. Erna hat Babys gekriegt. 6 Stück. Was? staunte Jens.

Juhu! Ich krieg doch 2 Stück davon ab. Na klar, sagte Bob. Sobald sie von der Muttermilch weg sind, kriegst Du sie.

Ich schätze mal in zwei, drei Wochen.

Bob, wach auf, erwiderte Jens, Bob wach auf.

Was ist denn mitten in der Nacht? Da meinte Jens, wie geht es meiner Erna und meinem Willi, den zwei Rattenbabys?

Sie erkunden gerade die Zelle, antwortete Bob, noch zwei Wochen, dann kriegst Du sie.

Jens: Bob, Hans meinte, ob er die Mutter bekommen könnte. Die brauchst Du ja dann nicht mehr.

Hans war auch ein Gefangener. Der lag drei Zellen weiter, sie konnten sich zwar nicht sehen, doch sie konnten sich hören.

Bob: Sag Hans, er kriegt die Mutter in zwei Wochen.

Jens: Bob, noch eine Woche, dann bekomme ich sie, oder?

Da meinte Bob, Du kannst sie morgen schon haben.

Sie essen schon Brot und die Muttermilch brauchen sie nicht mehr.

Juhu, erwiderte Jens, und Jens bekam die zwei Rattenbabys.

Jeden Abend erzählten sie sich Geschichten über die Ratten.

Eines Tages rief Jens mitten in der Nacht zu Bob: Erna hat Babys gekriegt.

Das ganze Gefängnis möchte jetzt welche haben. Und Bob und Jens versorgten das ganze Gefängnis mit Rattenbabys.

Einige Zeit später kriegte Bob einen Brief. Jens stell Dich ans Fenster, rief Bob zu Jens. Was ist denn, meinte Jens?

Bob: Weißt Du noch von der Cousine aus Paris, von der ich Dir erzählt habe? Sie schickt mir zu Weihnachten in drei Monaten eine Bibel. Eine ganze? fragte Jens. Ja, eine ganze Bibel, antwortete Bob.

Bücher waren im Mittelalter sehr teuer.

Und Jens fragte, was machst Du damit? Liest Du mir abends was vor? Na klar, antwortete Bob. Wir halten jeden Abend Gottesdienst und feiern das Abendmahl.

Und sie feierten jeden Abend Gottesdienst.

Und auch das sprach sich im ganzen Gefängnis rum.

Hans, der drei Zellen weiter war, sprach den Gottesdienst nach, so dass der Gottesdienst durch's ganze Gefängnis ging, von Zelle zu Zelle.

Und ein jeder brach sein Brot in seiner eigenen Zelle.

Und die Kunde vom Gefängnis wurde im ganzen Land bekannt.

Die Moral von der Geschichte: Manchmal ist wenig viel.

Zwischen den Gittern

Es waren einmal zwei Strafgefangene, die zum Tode verurteilt waren. Der eine, Hans, hatte eine Zelle im Haus A. Der andere, Jens, hatte eine Zelle im Haus B.

Der Anwalt von Hans plädierte auf schuldig und gab sein ganzes Geld für Besuche bei Ministern, Präsidenten, usw. aus. Immer wieder kam die Nachricht, Begnadigung abgelehnt, Berufung abgelehnt, Amnestie abgelehnt. Doch Hans gab nicht auf. Dazu kamen noch die Wächter und trieben ihren Spott mit ihm. Sie klopften nachts an seine Metalltür und ließen ihn nicht schlafen.

Der Anwalt von Jens war anders. Er plädierte auf nicht schuldig.

Mit dem wenigen Geld, das Jens hatte, kaufte er ihm am laufenden Band die neuesten Spielsachen. Mal eine Playstation, mal einen Flachbildfernseher, und und und.

Er meinte, sie können Dir gar nichts und nach einer kurzen Zeit wirst Du wieder frei sein.

Eines Tages kamen zwei Briefe. Für Hans eine Amnestie, für Jens die Hinrichtung.

Und die Moral von der Geschichte:
Das Leben ist wie ein Kaufhaus. Du hast 100 € und was Du kaufst und nicht kaufst bleibt Dir überlassen.

Später wirst Du zur Verantwortung gezogen, für das, was Du gekauft hast und für das, was Du nicht gekauft hast.

Der Weg ist das Ziel. Das stimmt. Aber den Weg muss man erst einmal finden

und wie soll man ihn finden, wenn man
ihn nicht sucht.

Denn wer sucht, der findet.

Die Geschichte von einem Penner Mann und einer Penner Lady

Es war einmal ein Mann, der war Mitte 50 und lebte als Penner. Er war weder Alkoholiker noch hatte er sonst irgendwelche Süchte. Er war allerdings einmal ein bekannter Spieler gewesen und hatte alles verloren. Ihm machte das Ganze nichts aus, denn er war sowieso nicht glücklich. Er besaß ein Fahrrad und zog von Ort zu Ort, wo er das Wenige, war er zum Leben brauchte, sich erbettelte.

Eines Tages kam er am Rathaus in Wuppertal vorbei und sah eine Penner Lady, die unter`m Rathaus schlief. Es war an der Frau nichts Besonderes dran, außer dass sie auch Mitte 50 war. Diese Lady sah ihn, denn er war immer sauber angezogen, und schenkte ihm ein Lächeln. Dieses Lächeln durchdrang seinen ganzen Körper. Er wusste plötzlich, dass er die Frau gefunden hatte, die er immer gesucht hatte. In Gedanken an sie ging er nach Hause.

Er lebte in einem alten Raum, den er unter einer Brücke gefunden hatte, wo einst früher die Handwerker ihr Werkzeug ließen. Er machte sich Sorgen, weil er nicht mehr als diesen Raum und sein geklautes Fahrrad besaß. Und außerdem war er auch noch schüchtern. Wochenlang ging er am Rathaus vorbei und schaute seine Lady an. Aber die Lady Pennerin bemerkte ihn nicht oder wenigstens tat sie so.

Eines Tages hatte er einen guten Tag und nahm in den 5 Stunden, die er da

stand, 15 DM ein. Er brauchte nämlich
zum Leben nur 5 DM am Tag. Da be-
schloss er, seine Lady zu einer Tasse
Kaffee einzuladen. Mutig und entschlos-
sen stellte er sich vor den Rathausein-
gang, aber ihm fehlten die Worte. Aber
diesmal bemerkte ihn die Penner Lady.
Sie raubte ihm einfach die Worte aus
dem Mund. Glücklich sagte sie "ja" und
wusste, dass sie den Mann für`s Leben
gefunden hatte. Sie nahm ein Stück Ka-
jal Stift aus ihrer Tasche, den sie mal gefunden hatte und für diesen Tag aufbe-
wahrt hatte. Sie schminkte sich damit
die Augen.

Sie lernten sich kennen. Eine Hochzeit
kam überhaupt nicht in Frage, denn so
viel Geld hatten sie nicht, und da be-
schloss der Mann, sie zum ersten Mal
zu sich einzuladen. Er hatte extra die
Wohnung, diesen einen Raum, in dem
er lebte, von vorne bis hinten geputzt.

Aber er brauchte nicht viel putzen,
denn seine Wohnung war immer sau-
ber.

Er hatte extra gespart für diesen Tag,
denn die Penner Lady hatte ihm erzählt,
wie wunderbare Salate sie mache. Und
Salat war im Winter nicht billig. Sie
machte für ihn den Salat. Da fragte sie
ihn, ob er mit ihr schlafen würde. Er
hatte ein Bett, das war 1,20 groß und
zum ersten Mal liebten sie sich. Langsam fühlten sich beide in dem Raum
heimisch und es wurde immer gemütli-
cher.

Sie hatten aber nur ein Fahrrad. Da ent-
schlossen sie sich, nach Düsseldorf zu
fahren, um noch ein zweites Rad zu
klauen. Die guten Fahrräder waren immer abgeschlossen, und Werkzeug be-
saßen sie nicht. Sie mussten also lange
suchen, bis sie ein altes fanden, das

nicht abgeschlossen war. Aber schließlich fanden sie eins.

Die Wohnung, der Raum, in dem sie lebten, besaß eine Metalltür. Man konnte sie gut abschließen, und Ungeziefer kam auch nicht herein. Sie hatten zwei Betten und liebten sich mal in dem einen und mal in dem anderen. Aber jeder hatte sein eigenes Bett. An der einen Wand war ein kleines, rundes Fenster, durch das eine halbe Stunde am Tag die Sonne herein schien - natürlich nur , wenn gutes Wetter war. Aber diese halbe Stunde verpassten sie nie. Sie hatten zwei Stühle dahingestellt, wo die Sonne auf ihre Beine schien. Denn für mehr reichte das Fenster nicht. Sie erzählten sich in dieser halben Stunde Geschichten, die sie erfanden. Sie nahmen diese jedoch ernst und glaubten sie.

Einen Tag in der Woche gingen sie nicht betteln und gingen, oder besser fuhren, mit dem Fahrrad zu einem See, der in der Nähe war. Denn dort machten sie immer von den paar Groschen, die sie während der Woche gespart hatten, Picknick. Das machten sie auch bei schlechtem Wetter, denn sie waren nicht wetterempfindlich.

Und die Moral von der Geschichte:

man braucht nicht viel, um glücklich zu sein. Nur wenn man überhaupt nichts hat, kann man auch nicht glücklich sein!

Zum Islam

Nach „Mein Kampf" kommt der Koran.

Islamisten sind nichts anderes als Nazis.

Der Islam ist geschrieben auf Arabisch für Leute, die nicht lesen und schreiben können. Er darf eigentlich nicht übersetzt werden.

Sie töten alle Heiligen und Propheten.

Können Sie sich vorstellen ein 21. Jahrhundert mit Leuten, die nicht lesen und schreiben können, Diktaturen und Leuten, die sich in die Luft sprengen. Nein, ich auch nicht.

Sie hassen die Wahrheit, lieben Gewalt und verachten die Liebe.

Der Islam wird dieses Jahrhundert nicht überleben. Er wird von Weltreligion zu Sekte rüber rutschen.

Islamisten sind Kinder, die auf dem Spielplatz nie gelernt haben zu spielen.

Liebe ist stärker als Hass.

Viele Islamisten hassten die Demokratie. Sie kennen sie nicht und sind immer in Angst aufgewachsen.

Viele kommen mit den Werten der Freiheit in den Westen nicht nur nicht klar, sie wollen sie auch nicht.

Wenn man im Harten im Islam einer Frau auf den Hintern guckt, ist das für sie schon wie eine halbe Vergewaltigung.

Scheiße in Ländern zu leben, wo die
Angst regiert.

Den heiligen Krieg haben nicht die Islamisten erfunden.

Er ist so alt wie die Menschheit.
Angefangen von den Kreuzrittern, bis zu
den Römern und den Pharaonen,
bis zum Schluss Hitler mit 40 Millionen
Toten.

Die Hälfte der ermordeten Menschen
geht auf diese Kriege.

Die Menschheit hat diese Kriege satt.

Man kann Kriege in der Welt nicht ver-
hindern.
Aber man kann sie so gering wie möglich halten.

Die Heiligen wollen keinen Krieg.

Unter der Sonne

Ich bin wie ein Streichholz im Meer,

doch ich gehe nicht unter.

Wenn riesige Wasserfluten mich umge-
ben,

fürchte ich kein Unglück.

Ich bin wie ein Streichholz im Meer,

doch ich gehe nicht unter.

Zwischen Gewalten und Mächten,

fürchte ich kein Unglück.

Denn Du bist bei mir.

Ich bin wie ein Streichholz im Meer,

doch ich gehe nicht unter.

Wenn Fürstentümer und Mächte mich verfolgen,

so fürchte ich mich nicht.

Auch wenn Tausende gegen mich spreche,

ich bin still.

Oscar Garcia,

Wuppertal, 2013

GEBET

Danke Herr, für die dunklen Nächte in
meinem Leben. Danke für die bitteren
Tage, in denen ich nichts gefangen habe.
Man will gerne vom Kuchen essen.
Keiner will mit dir leiden. Kaum beißt
man in den bitteren Apfel, ist man schon
am
jammern. Man dankt gerne für süße
Tage, aber wer will schon leiden. Alle
sagen, lasst uns Gutes sehen und erfülle
unser Leben. Aber sind es nicht
manchmal die bitteren Tage, in denen wir
Frucht bringen, und die süßen Tage ein
Gräuel für dich. Segne mich, dass ich die
Welt mit deinen Augen sehe, und nicht
verbittere, wenn es mir schlecht geht, denn
du Herr bist gekommen um zu leiden.
Auch ich will leiden, wenn es dir gefällt.

Wuppertal, den 16. April 2008
Oscar Garcia

Eva

Liebe, Glaube, Hoffnung ist die einzige
Münze dieser Welt, mit der man im Him-
mel bezahlen kann. Es ist eine irdische
Münze. Im Himmel gibt es so etwas nicht.
Wie Paulus schreibt: Wie kann man an das
glauben, was man sieht, wenn man Gott
schaut, dann weiß man und braucht keinen
Glauben mehr.

Glaube ist kein Können, sondern Gnade.

Logik ist eine Erfindung des Verstandes, um zu behaupten, dass es Gott nicht gibt.
Jeder, der das Universum ein bisschen beobachtet, weiß, dass es keine Logik gibt. Man kann die Wahrheit nicht in Worte fassen.
Deswegen redet Jesus immer in Gleichnissen.

Stadtansicht

Aus Liebe wird Glaube. Aus Glaube wird Respekt. Aus Respekt wächst Erkenntnis. Und aus Erkenntnis wird Weisheit.

Ohne Liebe kein Glaube. Ohne Glaube kein Respekt. Ohne Respekt keine Erkenntnis. Ohne Erkenntnis keine Weisheit.

Morgendämmerung

Man bekämpft nicht das Böse, sondern
man deckt es auf.
Weinen ist besser als Schreien.

Selbstportrait

Die Harmonie zwischen Religion, Politik
und Wirtschaft machen die Stärke eines
Staates aus. Nicht die einzelnen Zweige.

Sommer 2003

In sich ruhen nein danke.
In sich geborgen sein ja bitte.

Fußgängerzone

Man sagt, wer schläft, sündigt nicht.
Ich kenne nur einen der sündigt. Und
das ist der, der schläft.
Wer keine Fehler machen will, der
macht nur Fehler.

Feuer und Eis

Man kann nicht alles akzeptieren.
Nazis akzeptiert man auch nicht oder
andere Hassprediger.

Das Leiden Christi

Lieber der Kleinste in deinem Reich, als
der Größte in dieser Welt.

Der Herr ist mein Hirte

Respektiere Gott und du wirst leben.
Aber wie will man den respektieren, an
den man nicht glaubt. Und wie soll man
an den glauben, den man nicht sucht.
Suche Gott von ganzem Herzen, in
Wahrheit und du wirst ihn finden.
Denn wer sucht, der findet.

Israel

Christen   = Liebe, Glaube, Hoffnung.

Islam   = Angst, Hass, Gewalt.

Buddhismus = Gleichgültigkeit.

Hinduismus = Aberglaube.

Afro   = Zauberei.

Die Narren

Die Narren machen aus allem Karneval,

selbst aus Weihnachten. Und wen einer
nicht mitspielt, sagen sie, er hat keinen
Teamgeist.

Es gibt immer Menschen, die sich für
diese Welt einsetzen, und welche, die
sie zerstören wollen.

Mexiko 2007

Sünden sind nicht so schlimm wie falsche Ansichten. Lieber verrückt mit Gott als normal ohne Gott.

Den Sieg schenkt uns Gott. Kämpfen müssen allerdings wir.

Anders als beim Buddhismus. Da wird dir der Weg geschenkt.

Das Ziel musst du allerdings selbst erreichen. Beim Christentum ist es anders. Da wird dir das Ziel geschenkt und den Weg musst du selber finden.

Der Namenlose

Man fragt mich, ob ich etwas kenne,
das stärker sei als die Angst.

Ich antworte: Die Wahrheit.

Moses kannte weder Gott noch Jesus,
denn er wuchs bei den Ägyptern auf.

Doch er liebte die Wahrheit über alles.

Und sie führte ihn zu Gott.

Phantasien einer Frau

Wissen Sie, warum Zahnschmerzen und
Sex nicht dasselbe sind.

Weil eben nicht alles egal ist.

Ansichten einer Stadt

Faschismus:

Korruption, Mord und Totschlag.

Jeden kann es treffen.

Wir waren das nicht, keiner sieht uns,

so was gibt es nicht,

sind ihre Thesen.

Das Leben ist nur ein paar Cent wert.

Kapitalismus:

Für die Reichen einen Ferrari,

für den Armen nichts.

Nur die Reichen haben ein Recht auf Leben.

Die Armen sterben wie die Fliegen.

Kommunismus:

Ein Bett und einen Teller Suppe für alle.

Alle sind arm.

Sozialismus:

Für den Reichen einen Porsche,

für den Armen einen Golf.

Arm und Reich leben in Harmonie zusammen.

Das Versprechen

Ich will für die Welt oder das Leben arbeiten, mich ihm verpflichtet fühlen und voll die Verantwortung übernehmen. Ich will nicht mehr nach mir und meinen Wünschen schauen, sondern dankbar für das Leben arbeiten und für jedes Geschehen in der Welt verantwortlich sein. Ich will nicht mehr jammern oder sonst eine Undankbarkeit dem Leben gegenüber haben. Wohin mich das Leben auch tragen mag. Niemals will ich denken, ich sei kein Gewinner, denn ich arbeite für das Größte. Für das Leben, für Gott, für alles, für mich. Denn ich bin alles und ich bin Gott, von Ewigkeit zu Ewigkeit. Alles bist du, alles bin ich. Nie waren wir getrennt. Niemals will ich denken, du meintest es nicht gut mit mir. Ich will nicht mehr gegen dich sein und gegen

niemand. Ich will gegen nichts mehr
sein. Nicht mehr will ich wollen, dass es
anders sei als es ist. Ich möchte überhaupt nichts mehr wollen. Nur noch tun
und danken und gegen nichts mehr
sein. Ich bleibe meinen Idealen treu;
Wahrheit, Vertrauen, Dankbarkeit, Verantwortung, Treue.

Wuppertal 1999
Oscar Garcia

Böses Erwachen

Manche sogenannten Christen denken, sie müssen sich Gott einbilden, damit es ihn gibt.

Andere denken, man muss ein Vollidiot sein, um Christ zu sein.

Ich habe zwar nur einen Herrn, aber viele Vorbilder. Und in keinem von denen habe ich einen Vollidioten gefunden. Angefangen von David bis Paulus. Ich glaube nicht, dass Paulus oder sonst irgendeiner aus der Bibel ein Vollidiot war.

Gottes Gaben kann man nicht lernen, sie werden einem geschenkt.

Die Katholiken würden am liebsten ein goldenes Kalb auf den Altar stellen, und die Freikirchler würden am liebsten alle Christen in die Psychiatrie stecken. Aber sie können das nicht.

Aus der Bibel:

Der Gerechte wird aus Glaube leben.

Ohne Glaube ist es unmöglich, Gott zu gefallen.

Glaube ist eine feste Zuversicht von Dingen, die man nicht sieht…

Seid listig wie die Schlangen und ohne Falsch wie die Tauben.

Seine ärgsten Feinde werden seine eigenen Hausgenossen sein.

Ihr Schlangenbrut, ihr selbst geht nicht hinein. Und die hinein wollen, lässt sie nicht hinein.

Diejenigen, die der Geist Gottes treibt, sind seine Kinder.

Wer nicht dafür ist, der ist dagegen. Und wer nicht sammelt, der zerstreut.

Wen will man scheiden von der Liebe Christi: Trübsal oder Angst oder Verfolgung... (ich glaube, für 99 % der Gemeinde gilt das nicht, die haben so etwas nicht)

Die Macht der Angst ist die Lüge.

Wer Christ sein will, muss Verfolgung erleiden.

Die Guten kommen in den Himmel und die Bösen in die Hölle.

Das weiß jedes Kind. Komisch, dass das nicht die Erwachsenen wissen.

Wen Gott segnet, kann der Teufel nicht verfluchen.

Die meisten Menschen denken, das Gegenteil von Liebe sei Hass.

Das stimmt nicht. Das Gegenteil von göttlicher Liebe ist Angst und nicht Hass. Und das Gegenteil von Gottes Liebe ist menschliche Liebe.

Viele Menschen beten, aber ihre Gebete erreichen nie den Himmel, weil sie vorher die Spatzen fressen. Wer betet, muss in Wahrheit beten. Und die meisten wissen nicht einmal, wie Wahrheit geschrieben wird.

Es ist kaum vorstellbar, dass ein Wesen neben Gott alle 7 Milliarden Menschen auf der Erde kennt. Und er kennt sie genau. Das ist der Teufel. Er weiß, was du magst, was du begehrst, wo deine Schwächen sind, wo deine Stärken sind, bis hin zur Lieblingsfarbe. Er bietet dir andauernd das an, was du nicht hast.

Und Religionen hat er massig für alle. Er hat Religionen für Schwache, für Starke, für Linke, für Rechte, für Reiche, für Arme und und und. Selbst für böse Menschen hat er Religionen. Kann man sich kaum vorstellen, aber es gibt Menschen in unserer Mitte, die glauben, wenn sie böse sind und von Hass erfüllt, kommen sie ins Paradies. Ich dachte immer, böse Menschen seien Atheisten. Das stimmt nicht. Selbst die haben Religionen.

Die meist benutzte Waffe des Teufels ist die Angst. Und die

Waffe der Angst ist die Lüge.
Liebe wird aus Mut gemacht.

Ich kann keine Christen erfin-
den, ich kann sie aber stärken.

Manchmal kommt eine dunkle
Wolke in mein Leben, so dass
ich denke, den Verstand zu verlieren. Heute weiß ich, was es
heißt, den Boden unter den Füßen zu verlieren. Aber Angst
hilft dabei nicht. Wenn eine
dunkle Macht über euer Leben
kommt, ist es am besten, nichts
zu tun. Weder etwas dafür,
noch etwas dagegen. Aber wenn

sie vorbei ist, könnt ihr ne Menge machen.

In der Welt habt ihr Angst, aber seid getrost, ich habe die Welt überwunden.

Es gilt, wen der Herr segnet, kann der Teufel nicht verfluchen. Der Teufel verflucht die Menschen, nicht Gott.

Jesus ist für mich am Kreuz gestorben, denken viele. Das reicht nicht. Wer an ihn glaubt,

muss auch leben, wie er gelebt
hat.

Heißt es, dass wir obdachlos
werden sollen? Nein, bestimmt
nicht, aber wir müssen in seine
Welt eintreten. Das heißt, wir
müssen an die gesamten Evan-
gelien glauben. Das heißt, an Engel, Mächte, Gewalten und und
und. Er führt auch einen Kampf
mit dem Teufel und Teufeln.

Aber wie soll man seinen Glauben leben, wenn man ihn nicht

hat? Und die Menschen, die diesen Glauben leben und nicht nur im Kopf haben, werden verfolgt.

Der Teufel kennt alle deine Ängste und kann drohen wie kein anderer.

Freut euch, wenn ihr in mancherlei Drangsal fallt und noch einmal sage ich, freut euch. Paulus hatte nicht das Evangelium im Kopf, er lebte es. Und wenn ihm der Teufel oder irgendwelche Engel verfolgten, dann war das nicht in seinem Kopf, dann war das wahr.

Aber an den meisten Menschen
hat Gott kein Gefallen.

Nur diejenigen, die der Geist
Gottes treibt, sind seine Kinder.
Ohne Mut ist es unmöglich, Gott
zu gefallen. Die meisten Predi-
ger haben das Evangelium nur
im Intellekt und führen keinen
Kampf.

Aber Mut alleine reicht nicht.
Man braucht auch Erkenntnis.
Ich kannte mal einen, der hatte
Mut, aber ohne Erkenntnis. Er

schlug immer mit dem Kopf gegen die Wand.

Viele Menschen denken, es gibt nur eine logische Wirklichkeit. Denen sage ich, dass es nicht so ist. Guckt euren Wohnzimmertisch an. Dass die Sachen so stehen, wie sie stehen, ist eins zu einer Milliarde. Praktisch unmöglich. Guckt auf die Straße. Dass ihr die Autos so seht, wie ihr sie seht, ist unmöglich. Eins zu einer Milliarde. Guckt euren Kleiderschrank an. Auch eins zu einer Milliarde. Ihr bewegt euch wie einer, der sechs Richtige im Lotto jede Woche hat. Mit den

Möglichkeiten. Praktisch unmöglich. Und dazu kommt es noch, dass es keine Zufälle gibt. Alles, was ihr seht, ist praktisch unmöglich und ihr seht es jeden Tag. Aber das ist nicht so wichtig. Als ich ein Kind war, fuhr ich auch Aufzug und wusste nicht, wie es funktioniert.

Als Christ muss man lernen, los zu lassen. Man muss das nicht können, man muss das lernen. Man darf dabei aber nicht willenlos werden. Die Missionare stellen sich gern zur Schau in der Fußgängerzone und die Psychiatrien rühren sie nicht an. Selbst in den 30 Jahren meines Kirchen- und Gemeindelebens habe ich noch nie erfahren, dass man für die Christen in der Psychiatrie gebetet hat. Und zu den meisten Christen sage ich: freut euch – Auch wenn sie in den Gemeinden nicht für euch beten.

Und seid immer guten Mutes. Wenn ihr Tabak und Kaffee habt, lasst euch genügen. Und ermuntert einander. Auch wenn andere das nicht tun. Und schlafen müsst ihr. Die meisten Leute, die 3 Wochen nicht geschlafen haben, begehen Selbstmord. Das ist nicht Selbstmord, sondern Mord. Heutzutage sind Schlafstörungen kein Problem, man kann sogar ein Rennpferd im Stehen einschlafen. Und seid nicht gegeneinander. Hier in dieser Welt wächst das Unkraut mit dem Weizen zusammen.

Gott hat euch nicht vergessen.

Es gilt, wer Gott sucht, findet ihn. Aber wer ihn nicht von Herzen sucht, hat keine Chance.

Und es gibt nichts mehr, was der Teufel mehr hasst als Menschen, die suchen. Und wer nicht kämpfen will, verliert. Auch eine meistbenutzte Waffe des Teufels ist, euren Willen zu brechen. Dazu benutzt er meistens eine falsche Vertrauensperson. Das kann eine Mutter, ein Bruder oder sonst wer sein.

Auch ich habe manchmal Angst. Ich mache es aber trotzdem. Macht das, dann wird die Angst vor euch fliehen.

Was am besten erdet aus Erfahrung nicht aus Wissen ist Sex. Oder Erotik. Händchen halten und in den Arm nehmen zieht meistens mehr runter. Aber wie gesagt, das könnt ihr selber feststellen.

Seit Adam und Eva streitet sich die göttliche Liebe gegen die menschliche Liebe. Jesus brachte das Schwert. Nicht nur das Schwert, sondern auch den Sieg. Am Kreuz gewann die göttliche Liebe gegen die menschliche Liebe.

Ich glaube, deswegen rede ich.

Noch ein Argument, das der Teufel oft benutzt, ist: es geht um alles oder nichts. Diesen Kampf hat schon Jesus gewonnen. Wir kämpfen nur einzelne Schlachten.

Während die göttliche Liebe aufbaut, zieht die menschliche Liebe runter. Es gibt schon mal göttliche Liebe zwischen Mann und Frau, sie ist aber eher selten.

Über die Liebe schreibt Paulus (aus der Bibel):

Die Liebe ist langlebig und freundlich, die Liebe eifert nicht. Die Liebe treibt nicht ihren Mutwillen, sie bläht sich nicht auf. Sie verhält sich nicht ungehörig, sie sucht nicht das ihre, sie lässt sich nicht erbittern, sie rechnet das Böse nicht zu. Sie freut sich nicht über Ungerechtigkeit, sie freut sich aber an der Wahrheit. Sie erträgt alles, glaubt alles, sie hofft alles, sie duldet alles.

Die menschliche Liebe ist nicht so:

Sie ist prahlerisch, sucht immer nur das seine, stolz, neidisch, muss dauernd in den Arm genommen werden, ist dauernd enttäuscht, eifersüchtig, schadenfroh, hat kein Rückgrat, scheut Verantwortung, lügnerisch. Den Guten fremd, bläst sich auf, besitzergreifend, ohne Mitgefühl und und und. Und ist dauernd am Meckern. Hat keine Ethik, nur fleischliche Werte. Einen Tag liebt sie, einen anderen Tag hasst sie.

Mit dieser Liebe macht der Teufel die meisten Menschen fertig und gottesfremd.

Liebe, Glaube, Hoffnung.

Meinen Sie, damit ist die Liebe gemeint, die Sie zu Ihrem Mann oder Ihren Kindern haben? Bestimmt nicht. Viele Menschen können nichts, sie denken, sie seinen nichts und haben drei Kinder. Kinder als Stellung in der Gesellschaft finde ich verantwortungslos. Wenn ihr einem Kind nichts von dieser göttlichen

Liebe mitgeben könnt, dann habt besser keine Kinder.

Bilder auf Leinwand

mit Öl

DinA0

von

Oscar Garcia Fernandez

www.verfolgungswahnohnewahn.de

Oscar Garcia

Wuppertal 1964

Ich und meine Insel

Sonnenblumen im Sturm

Der blaue Engel

Rosenstolz

Penner Lady

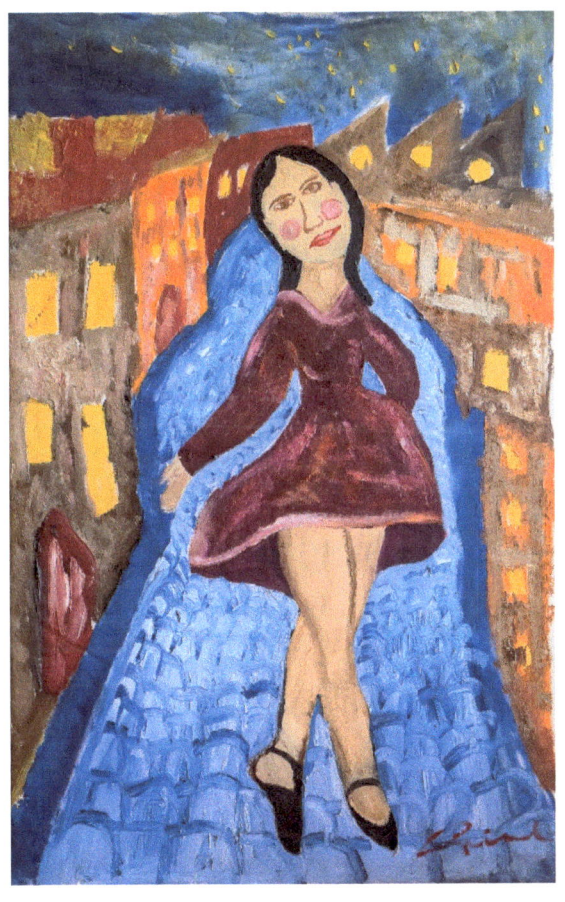

Sofia

Lebenslauf
Oscar Garcia

1964	**geboren in Wuppertal, Germany**
	Ausbildung als Elektriker
1984	**Bekehrung zum Christentum**
1989	**Attentat von der Unterwelt**
	Begraben unter einem LKW mit 40 Tonnen Last
	Fall der Berliner Mauer
2001	**Sturz in den Atlantik. Die Polizei fischt mich um 6.00 Uhr nachts, morgens aus dem Atlantik**

Ich bin ein Gegner des Islam. Sie hassen die Wahrheit, lieben den Tod, und verachten die Liebe.

Ich bin ein Prophet, nicht der Prophet. Von Berufung bin ich Soldat, mit dem Rang eines Offiziers. Verwechseln Sie mich nicht mit einem General. Apostel sind Generäle.

Das meiste in dieser Welt passiert im Verborgenen.

Ich bin der Fürst von Monaco. Möge das bedeuten, was auch immer.

Oscar Garcia,
Wuppertal 2010

Nachwort

Ich wünsche Ihnen, dass dieses Buch nicht nur Ihr Leben verändert, sondern dass Sie auch zu Gott finden.